BEI GRIN MACHT SICH IHR WISSEN BEZAHLT

AF166795

- Wir veröffentlichen Ihre Hausarbeit, Bachelor- und Masterarbeit

- Ihr eigenes eBook und Buch - weltweit in allen wichtigen Shops

- Verdienen Sie an jedem Verkauf

Jetzt bei www.GRIN.com hochladen und kostenlos publizieren

Hitlers charismatische Herrschaft. Analyse struktureller und gesellschaftlicher Voraussetzungen zur Installation einer charismatischen Herrschaft gemäß der Staatstheorie Max Webers

Basil Kunz

Bibliografische Information der Deutschen Nationalbibliothek:

Die Deutsche Nationalbibliothek verzeichnet diese Publikation in der Deutschen Nationalbibliografie; detaillierte bibliografische Daten sind im Internet über http://dnb.d-nb.de abrufbar.

ISBN: 9783346575241
Dieses Buch ist auch als E-Book erhältlich.

© GRIN Publishing GmbH
Nymphenburger Straße 86
80636 München

Druck und Bindung: Books on Demand GmbH, Norderstedt Germany
Gedruckt auf säurefreiem Papier aus verantwortungsvollen Quellen

Das vorliegende Werk wurde sorgfältig erarbeitet. Dennoch übernehmen Autoren und Verlag für die Richtigkeit von Angaben, Hinweisen, Links und Ratschlägen sowie eventuelle Druckfehler keine Haftung.

Das Buch bei GRIN: https://www.grin.com/document/1165790

Seminararbeit

Hitlers charismatische Herrschaft
Analyse struktureller und gesellschaftlicher Voraussetzungen zur Installation einer charismatischen Herrschaft gemäss der Staatstheorie Max Webers

<u>eingereicht von:</u>

Basil Kunz

Hauptfach: Geschichte, 5. Semester
Nebenfach: Philosophie, 5. Semester

Herbstsemester 2021

28. Dezember 2021

Inhaltsverzeichnis

1 Einleitung

Bei der Auseinandersetzung mit Texten zur Staatstheorie gibt es an Max Weber kein Vorbeikommen. Sein Buch *Wirtschaft und Gesellschaft* gilt als Standardwerk der staatstheoretischen Literatur. Auch diese Arbeit befasst sich mit Webers staatstheoretischen Konzeptionen und überprüft, inwiefern sich seine Ausführungen zur *charismatischen Herrschaft* auf die Zeit des Nationalsozialismus unter der Herrschaft Adolf Hitlers anwenden lassen. Konkret wird folgenden zwei Fragen nachgegangen. Erstens: *Welche gesellschaftlichen Strukturbedingungen müssen gegeben sein, damit sich eine charismatische Herrschaft wie jene Adolf Hitlers installieren kann?* und zweitens: *Welche Rolle spielen dabei das Charisma des «Führers» Adolf Hitler, die soziale Beziehung zwischen ihm bzw. der NSDAP und der Anhängerschaft sowie der Ausblick auf eine (gemeinsame) politische Mission?* Als Fallbeispiel dient wie bereits erwähnt das Aufkommen des Nationalsozialismus unter der Herrschaft Adolf Hitlers. Dabei beschränkt sich die Analyse auf den Zeitraum von 1929 bis 1930. Diese Zeitspanne ist für die historische Kontextualisierung nicht zufällig gewählt, fällt sie doch mit der Weltwirtschaftskrise von 1929-1933 zusammen. Diese Krise ist deshalb von zentraler Bedeutung, da sie Ausdruck dessen ist, was von M. Rainer Lepsius als *charismatische Situation* bezeichnet wird.

Bevor allerdings auf die Eigenheiten und Folgen der Weltwirtschaftskrise als Beispiel einer *charismatischen Situation* eingegangen werden kann, muss zuvor über zwei zentrale Aspekte informiert werden. Nämlich über die grundsätzliche Entstehung politischer Ordnung in einer Gesellschaft und über die Strukturbedingungen, die vor der Machtergreifung durch die Nationalsozialisten vorgeherrscht haben. Welche Strukturbedingungen das waren, wird am Beispiel des *sozialmoralischen Milieus* des Mittelstandes ausgeführt.

Auf diese einführenden Worte folgt die konkrete Auseinandersetzung mit den Begriffen der Weberschen Staatstheorie. Dabei stehen folgende Fragen im Zentrum: Wie versteht Weber selbst den Begriff des *Charismas* und welche Strukturen muss ihm gemäss die *charismatische Herrschaft* aufweisen, um als solche gelten zu können. Für die Interpretation dieser Begriffe wird selbstverständlich mit Webers Werk *Wirtschaft und Gesellschaft* selbst gearbeitet. Ergänzend werden aber auch weitere Werke der Forschungsliteratur hinzugezogen. Namentlich die Bücher *Demokratie in Deutschland* von M. Rainer Lepsius und Ludolf Herbsts *Hitlers Charisma. Die Erfindung eines deutschen Messias.* Selbstredend werden diese Begriffe auch immer auf ihre Anwendbarkeit auf Hitlers 'charismatische Herrschaft' hin geprüft. Abschluss der Arbeit bildet die quellenkritische Analyse und Interpretation der Rede «Die Generalabrechnung! Deutschland ist im Erwachen!» von Adolf Hitler – gehalten im Berliner Sportpalast an der NSDAP-Versammlung in Berlin vom 10. September 1930. Der Fokus liegt dabei auf Hitlers

Inszenierungen bzw. Erwähnungen der Notsituation, seiner eigenen Person, der sozialen Beziehung zwischen dem Führer oder der Partei und dem deutschen Volk und der (gemeinsamen) politischen Mission – also jenen Aspekten, die auch in der Fragestellung bereits Erwähnung fanden.

2 Voraussetzungen für eine charismatische Herrschaft

Die kommenden Ausführungen über die Entstehung einer politischen Ordnung innerhalb einer Gesellschaft und die vor der Machtergreifung durch die Nationalsozialisten vorherrschenden Strukturbedingungen im Mittelstand, basieren auf den Forschungsergebnissen von M. Rainer Lepsius. In seinem Werk *Demokratie in Deutschland* beschäftigte er sich ausführlich mit den Strukturbedingungen nicht nur des Mittelstandes, sondern auch der Bauern, Sozialisten und Katholiken vor der Zeit des Nationalsozialismus. Seine Analyse bezwecke aber lediglich die Herausarbeitung unterschiedlicher struktureller Situationen, die extremen Nationalismus begünstigten und solle nicht als Erklärung für das politische Verhalten der jeweiligen Milieus verstanden werden.[1] Lepsius definiert die Entstehung der politischen Ordnung in einer Gesellschaft wie folgt: «Die politische Ordnung einer Gesellschaft ist weder die bloße Folge einer gegebenen Sozialstruktur, noch wird diese völlig von der politischen Ordnung bestimmt. Kulturelle Orientierungen vermitteln zwischen beiden.[2]»

Dabei würden diese Vermittlungsprozesse sowohl von Einzelpersonen oder Gruppen als auch von Verbänden oder Institutionen beeinflusst. Doch auch eine Kette von Ereignissen, unbeabsichtigte Folgen von Entscheidungen oder die Manipulierbarkeit der Massen hinsichtlich ihrer Beurteilung über die Legitimität einer politischen Herrschaft könne Einfluss auf die Entwicklung der politischen Ordnung haben. Aus diesen Prozessen formieren sich einerseits *sozialmoralische Milieus* und andererseits entstehen aus ihnen *soziale Einheiten,* «in denen wirtschaftliche Interessen, kulturelle Orientierungen und politische Geltungsansprüche in ein labiles Gleichgewicht eingebunden werden»[3]. Weiter bilde sich in diesen Milieus «das Legitimitätseinverständnis gegenüber der politischen Herrschaft»[4], wobei Parteien, Interessensverbände und weitere intermediäre Gruppen eine zentrale Rolle spielten. Der Zerfall oder die Zerstörung der intermediären Strukturen oder Milieus hätten zur Folge, dass sie ihre Wirkung hinsichtlich ihrer politischen Orientierungsfunktion verlören, was einen *grundlegenden Wandel* möglich machen würde. Der Nationalsozialismus bspw. festigte sein Machtmonopol, indem er die

---

[1] Vgl. dazu Lepsius, M. Rainer: Demokratie in Deutschland. Soziologisch-historische Konstellationsanalysen. Ausgewählte Aufsätze, Göttingen 1993 (Kritische Studien zur Geschichtswissenschaft 100), S. 51-79.
[2] Lepsius, Demokratie, S. 7.
[3] Ebd.
[4] Ebd.

4

intermediären Strukturen auflöste und die Gesellschaft zwangshomogenisierte. Dies führte zum Verlust der politischen Freiheitsrechte des Individuums und dessen Möglichkeiten zur politischen Meinungs- und Urteilsbildung – mit schwerwiegenden Folgen.[5] Soweit der kleine Einblick in die Bedeutung intermediärer Strukturen, ihrer Rolle bezüglich der Wechselwirkung zwischen politischer Ordnung und Sozialstruktur und der Kenntnis über die möglichen Folgen ihrer (mutwilligen) Zerstörung. Betrachten wir nun die Strukturbedingungen innerhalb des deutschen Mittelstandes vor der Machtergreifung etwas genauer.

Dem Mittelstand wurde bereits in den 1930er Jahren nachgesagt, dem Nationalsozialismus nahezustehen. Dabei gab es zwei Thesen, die diese Behauptung stützen sollten. Die eine unterstellte dem Mittelstand ideologische Verwirrung und vertraute auf dessen Proletarisierung gemäss der marxistischen Theorie. Die andere machte für die Anbiederung des Mittelstandes an den Nationalsozialismus dessen wirtschaftliche Interessen verantwortlich. Dem Mittelstand sei nichts anderes übriggeblieben, als sich einer «radikalen Protestbewegung der Mitte»[6] anzuschliessen.[7] Das Selbstbild des Mittelstandes zeichnete sich dadurch aus, dass er innerhalb des sozialen Gefüges eine Mittellage einzunehmen glaubte, die mit der normativen Vorstellung, «die Leistung des Mittelstandes [sei] die Verwirklichung der Moralnorm einer Gesellschaft»[8], einherging. Dabei sprach er sich Werte wie *Ehrlichkeit*, *Fleiss* und *Strebsamkeit* ebenso zu wie *nationale Zuverlässigkeit* und *Verantwortlichkeit*. Diesem Selbstverständnis waren aber noch weitere Annahmen inhärent: erstens, die Gesellschaft sei in Schichten aufgeteilt, woraus sich für den Mittelstand entsprechend andere Privilegien und Rechte innerhalb der Gesellschaft ableiten liessen, die auch eingefordert wurden; zweitens, eine wirtschaftliche Notlage sei gleichbedeutend mit einem Bedrohungsszenario für die gesellschaftliche Moral und drittens, eine Verwicklung des Mittelstandes in Klassenkämpfe bedeute eine Verlängerung des nationalen Notstands und sei als Angriff auf die Moral der Gesellschaft zu verstehen. Lepsius kommt zu dem Schluss, dass der Nationalsozialismus des Mittelstandes aus dessen Selbstbild entsteht, wobei zunehmender Druck auf die wirtschaftliche Situation des Mittelstandes Hand in Hand mit dessen Radikalisierung gehe.[9] Weiter sei der Mittelstand aber auch aufgrund seiner strukturellen Situation anfällig für nationalistische Strömungen. Der eigene Geltungsanspruch und das Selbstbewusstsein des Mittelstandes hingen ab vom Zustand der Nation:

> Das Selbstbewußtsein des Mittelstandes wird immer dann unsicher, wenn seine innenpolitische Rolle und die außenpolitische Stellung der Nation nicht den eigenen Vorstellungen entsprechen. Der schichtspezifische Nationalismus des Mittelstandes wird daher aggressiv, wenn seine

---

[5] Lepsius, Demokratie, S. 7f.
[6] Ebd., S. 55.
[7] Ebd., S. 54f.
[8] Ebd., S 58.
[9] Ebd., S. 58f.

soziokulturelle Geltung innerhalb der nationalen Gesellschaft bedroht wird, er wird extremistisch, wenn zugleich seine Vorstellung von der Nation ins Schwanken gerät. Beides war in Deutschland der Fall [...].[10]

Hierdurch erscheint die These, der Mittelstand habe sich aufgrund wirtschaftlicher Interessen am Nationalsozialismus angebiedert, durchaus plausibel. Wie sich aber gleich zeigen wird, konnte es der NSDAP einerlei sein, welche These eher auf die Lage des Mittelstandes zutraf.

Denn die NSDAP war weder eine Mittelstands- noch eine Wirtschaftspartei, sondern «versprach nur die Solidarisierung aller Berufsgruppen im Namen der Volksgemeinschaft»[11]. Der Mittelstand und die NSDAP kämpften gemeinsam den *Kampf gegen den Klassenkampf.* Dieser manifestierte sich einerseits im bekannten Klassenkonflikt zwischen Arbeiterschaft und Kapiteleigentümer*innen, andererseits charakterisierte er sich auch im «Kampf gegen ein Prinzip gesellschaftlicher Organisation und gegen einen Typ der Austragung sozialer Konflikte»[12], weshalb der Kampf auch als antiparlamentarisch bezeichnet werden kann. Denn mit der Tolerierung des Parlaments – «als Forum offener Konfliktaustragung»[13] – hätte auch das Vorhandensein sozialer Konflikte anerkannt werden müssen. Die NSDAP negierte aber grundsätzlich sowohl das Vorhandensein divergierender wirtschaftlicher Interessen als auch die Existenz sozialer Spannungen in der Gesellschaft. Probates Mittel zur Erklärung der Gegenwart schienen sowohl für die NSDAP als auch für den Mittelstand das Mittel der Verschwörungstheorie zu sein. Letztere vermuteten dabei lediglich unredliche Machenschaften in der Regierungshauptstadt. Erstere sahen dahinter aber eine «mythische Weltverschwörung des Judentums gegen alles Deutschtum»[14]. Mithilfe dieser Projizierung aller Probleme auf eine 'dämonische', abstrakte Ebene konnte nicht nur das Judentum für alles Schlechte verantwortlich gemacht werden, sondern in Anbetracht dessen schienen sogar die von der NSDAP angestrebte Volksgemeinschaft harmonisierbar und die gesellschaftlichen Strukturkonflikte als trivial. Zudem entwickelte sich «der Mythos vom 'Dritten Reich'»[15] zu einer Fluchtchance in die Zukunft.[16]

Diese Darstellung ist keinesfalls abschliessend und erhebt auch keinen Anspruch auf Vollständigkeit. Vielmehr sollte exemplarisch anhand des Mittelstandes aufgezeigt werden, welche – den Nationalsozialismus begünstigenden – Strukturbedingungen in einem spezifischen *sozialmoralischen Milieu* vorgeherrscht haben. Nachdem nun im Kleinen gezeigt wurde, welche Situation vorherrschte, wird nun überblicksmässig die gesamtgesellschaftliche Situation vor der

---

[10] Lepsius, Demokratie, S. 61.
[11] Ebd., S. 56.
[12] Ebd.
[13] Ebd.
[14] Ebd., S. 57.
[15] Ebd.
[16] Ebd, S. 56f.

Machtergreifung durch die Nationalsozialisten beschrieben. Auch diese Betrachtung orientiert sich an einem konkreten Ereignis – der Weltwirtschaftskrise von 1929.

M. Rainer Lepsius zufolge ist das Vorhandensein einer *latenten charismatischen Situation* eine notwendige Voraussetzung für die Entstehung einer *charismatischen Herrschaft*. Diese Situation wird in *Demokratie in Deutschland* wie folgt beschrieben: «[...] [die] Bereitschaft, sich im Glauben an ein Charisma einer direkten persönlichen Herrschaft zu unterwerfen. Diese latente charismatische Situation hat zwei Dimensionen, eine kulturelle und eine soziale.»[17]

Die kulturelle Dimension bezieht sich auf die Auffassung, dass das Schicksal der Menschen direkt von *transzendentalen Mächten* beeinflusst sei. Diese Beeinflussung zeige sich wiederum in spezifischen Eigenschaften *eines* Menschen, der – wie im Falle Hitlers – im Auftrag der «Vorsehung» handle. Dieser Glaube war in der deutschen Kultur – insbesondere nach dem verlorenen Ersten Weltkrieg und dem fehlenden Vertrauen in die neue Verfassung – vergleichsweise stark vertreten. Man sehnte sich nach einer Führerperson die – gelenkt von ihren Fähigkeiten, ihrem eigenen Willen folgend und sich auch vom bestehenden politischen System nicht aufhalten lassend – Deutschland wieder zu neuer Stärke verhelfen sollte. Die zweite, soziale Dimension besteht darin, dass von der Bevölkerung eine Krisensituation wahrgenommen wird, die von den politischen Machthabern anscheinend nicht gelöst werden kann. Dies führt zur deren Delegitimierung, verbunden mit der Sehnsucht nach einem 'starken Mann', der aus der Krise führt. Angesichts der verschiedenen Krisenherde in den 1920er Jahren – nationale Verunsicherung, politische Instabilität, Inflation und Wirtschaftskrise – stieg in der Bevölkerung zunehmend die Bereitwilligkeit, sich einem Führer unterzuordnen und bestehende politische Rechte aufzugeben. Höhepunkt dieser Entwicklung bildete die Annahme des Ermächtigungsgesetzes im Jahr 1933. Beide Dimensionen herrschten also im Deutschland der 1930er Jahre vor. Die NSDAP konnte diese Krisensituation aber nur deshalb so gut ausnutzen, da sie sich aufgrund ihrer Organisationsstruktur schnell von einer *Kaderpartei* zu einer *Sammelbewegung* umstellen konnte und so den Politikverdrossenen einen Zufluchtsort bot.[18] Bisher wurde von einer *latenten charismatischen Situation* gesprochen. Diese kann sich unter 'geeigneten Umständen' zu einer *manifesten charismatischen Situation* wandeln. Was es dafür braucht, wird von Lepsius wie folgt beschrieben: «Eine latente charismatische Situation wird erst manifest, wenn ein charismatischer Anspruch erhoben wird, eine Person auftritt, die verspricht, die Krise zu überwinden, und dafür Glaubwürdigkeit gewinnt.»[19]

---

[17] Lepsius, Demokratie, S. 100.
[18] Die Ausführungen dieses Abschnitts basieren auf Lepsius, Demokratie, S. 100f. und Kolb, Deutschland, S. 162.
[19] Lepsius, Demokratie, S. 101.

Adolf Hitler war eine solche Person und allein durch ihn konnte sich 1933 eine *charismatische Herrschaft* installieren. Dies gelang ihm unter anderem durch Verunglimpfung des politischen Systems, der dichotomischen Unterteilung der Gesellschaft in ein Freund-Feind-Schema und der Heraufbeschwörung eines einzig möglichen Auswegs: der Zerstörung des Systems und der Ersetzung durch 'das Gute' – der NSDAP. Hitler verstand es, die Wahrnehmung der Krisensituation zu dramatisieren und lenkte sie in für ihn geeignete Bahnen. Dies führte zu einem Prozess, der von Lepsius als *Zirkularstimulation* bezeichnet wird: Hitlers Interpretation der Krise und die dazu passenden Lösungsansätze werden immer mehr als alternativlos betrachtet, die zunehmende Orientierung an letzten, abstrakten Werten («das Überleben, die Rettung vor dem Untergang, die Ehre, Gerechtigkeit»[20]) führt zu einer gesteigerten Bereitschaft, sich einer höchsten, uneingeschränkten Autorität zu unterstellen. Weiter wurde allein dieser Autorität – in Gestalt des *Charismatikers* – die Befähigung zugesprochen, die Bevölkerung aus der gegenwärtigen Krise zu führen.[21] Und diese Krise manifestierte sich unter anderem in Form der Weltwirtschaftskrise von 1929 bis 1933. Die Folgen des Börsencrashs in New York im Oktober 1929 trafen Deutschland Ende des Jahres mit voller Härte, beruhte deren Wirtschaft doch massgeblich auf nun zurückgezogenen Auslandskrediten. Dies hatte schwerwiegende ökonomische und psychologische Konsequenzen. Erstere zeigten sich in einer Massenarbeitslosigkeit, die dazu führte, dass jede*r Dritte arbeitslos war. Letztere zeigten sich in einem kollektiven Gefühl der Unsicherheit, das auch nicht direkt in ihrer Existenz bedrohte Bevölkerungsschichten ergriff. Diese *allgemeine Katastrophenstimmung* führte zu einem enormen Zulauf in radikale Gruppierungen und erlaubte es diesen, ungehemmt gegen die Weimarer Republik und deren Demokratie zu agitieren und sie für die Krise verantwortlich zu machen. Somit sah sich Deutschland nicht nur mit einer Wirtschafts-, sondern auch einer Staatskrise konfrontiert.[22]

In diesem letzten Teil des Kapitels konnte gezeigt werden, welche kulturellen und sozialen Gegebenheiten eine *charismatische Situation* definieren. Diese ist notwendig, damit sich eine *charismatische Herrschaft* installieren kann. Es sollte nun auch klarer sein, wie es der NSDAP und Adolf Hitler gelang, die Krisensituation für sich und ihre Interessen auszunutzen. Zuletzt konnte dargestellt werden, inwiefern sich diese Krise unter anderem in der Weltwirtschaftskrise manifestierte und welche wirtschaftlichen und psychologischen Folgen diese hatte. Nun folgt die Auseinandersetzung mit den Begriffen der Staatstheorie Max Webers und die Überprüfung bezüglich deren Anwendbarkeit auf Hitlers *charismatische Herrschaft.*

---

[20] Lepsius, Demokratie, S. 102.
[21] Ebd., S. 101-103.
[22] Kolb, Deutschland, S. 178-180.

3 Charisma, Legitimität und Struktur charismatischer Herrschaft

Gemäss der Forschungsliteratur eignet sich das Modell Max Webers zur Analyse des national-sozialistischen Herrschaftssystems deshalb so gut, da es das Verhältnis zwischen Person und Struktur in den Fokus stellt. Dieses Verhältnis ist von zentraler Bedeutung, da das Herrschafts-system in Deutschland durch die Person Adolf Hitler eine *spezifische Personalisierung* erfahren und eine *eigentümliche Struktur* aufgewiesen habe. Als ein weiterer Vorzug – nicht des Modells selbst aber von Webers Theorieverständnis – wird seine Auffassung verstanden, «Theorien als Instrumente der historischen Methode zu betrachten»[23]. Sie seien der Massstab, an dem sich «die Idealtypen der legitimen Herrschaft»[24] zu messen hätten. Ludolf Herbst zufolge wird The-orien häufig etwas abverlangt, das sie nicht zu leisten vermögen, «nämlich das Design für die Wirklichkeit abzugeben und sich am konkreten Befund zu bestätigen»[25]. Eine Theorie könne nur den Idealtypus beschreiben, der so in der Realität nicht vorkomme. In Wirklichkeit kämen die einzelnen Systeme immer nur als Mischformen aus allen drei Typen (rational, traditional, charismatisch) vor und deren Ausdifferenzierung zeige sich in deren Legitimation und dem jeweiligen Verwaltungsstab. Zudem seien Theorien dem Erkenntnisgewinn nur dann zuträg-lich, wenn sie kritisch gebraucht würden.[26] Soweit zu den Gründen, weshalb sich das Modell Max Webers zur Untersuchung des Nationalsozialismus eignet.

Kommen wir nun zu den Begriffen, die in Webers Staatstheorie in Bezug auf die *charismatische Herrschaft* zur Anwendung kommen. Zuerst wird die jeweilige Begriffsdefinition Webers mit den Interpretationen der Forschungsliteratur in Verbindung gebracht. In einem zweiten und letzten Schritt wird überprüft, inwiefern sich der Theorieteil auf die 'charismatische Herrschaft' Hitlers anwenden lässt. Beginnen wir mit dem Begriff des *Charismas*.

> 'Charisma' soll eine als außeralltäglich [...] geltende Qualität einer Persönlichkeit heißen, um de-rentwillen sie als mit übernatürlichen [...] oder mindestens spezifisch außeralltäglichen, nicht jedem andern zugänglichen Kräften oder Eigenschaften (begabt) [...] und deshalb als 'Führer' gewertet wird. Wie die betreffende Qualität von irgendeinem ethischen, ästhetischen oder sonstigen Stand-punkt aus 'objektiv' richtig zu bewerten sein würde, ist natürlich dabei begrifflich völlig gleichgül-tig: darauf allein, wie sie tatsächlich von den charismatisch Beherrschten, den 'Anhängern', bewertet wird, kommt es an.[27]

Auffallend ist, welche Bedeutung der Beziehung zwischen Führer und Gefolgschaft bei der Beschreibung des *Charismas* zukommt. Diese Bedeutung erkennt auch Lepsius, der die beiden Parteien als *Charismaträger* bzw. als *Charismagläubige* beschreibt. Während letztere dem Trä-ger charismatische Eigenschaften zuschreiben, fordert ersterer die Anerkennung seines

---

[23] Herbst, Charisma, S. 15.
[24] Ebd.
[25] Ebd.
[26] Die Ausführungen dieses Abschnitts basieren auf Lepsius, Demokratie, S. 95. und Herbst, Charisma, S. 14-16.
[27] Weber, Wirtschaft und Gesellschaft, S. 140.

Charismas von Seiten der Gefolgschaft ein. Dies führt zu einer sozialen Beziehung mit einer spezifischen Prägung hinsichtlich der Führerposition, der Ausgestaltung der Herrschaft und des Gehorsams seitens der Beherrschten. Dabei wird *Charisma* nicht wie im heutigen Sprachverständnis als Prestige, persönlicher Begabung oder dergleichen verstanden, sondern eben als soziale Beziehung, die eine grundlegende Veränderung in der Verhaltensstruktur zur Folge hat.[28] Diese zeigt sich darin, dass unter einer *charismatischen Situation* mit den bisherigen Verhaltensstrukturen gebrochen wird. Dieser Bruch ist sodann auch eine Voraussetzung seitens des *Charismaträgers,* um als *charismatischer Führer* gelten zu können. Er hat die ehemals vorherrschenden Rollenerwartungen an Führerpositionen, die Beziehungsstrukturen und die Verfahrensrechte, die seine Handlungsmacht einschränken zu überwinden, möchte er als *charismatischer Führer* wahrgenommen werden. Unterlässt er diesen Bruch, wird es ihm nie möglich sein, die Position des *charismatischen Führers* einzunehmen, unabhängig davon, wie viel Sympathie oder Vertrauen ihm entgegengebracht wurde oder welche Erwartungen bereits in ihn gesetzt wurden.[29] Auch Herbst betont, wie wichtig die Perspektive der Anhängerschaft ist. Denn mit *Charisma* seien nicht zwingend Eigenschaften gemeint, die der *Charismaträger* tatsächlich besitzt, sondern vielmehr jene Eigenschaften, die ihm von der Anhängerschaft zugesprochen werden. Erst durch diesen Glauben – der der Legende rund um die Entstehung des *Charismas* der Führerperson entspringt – entfaltet das *Charisma* seine Wirkung.[30] Inwiefern trifft nun diese Definition von *Charisma* auf Adolf Hitler zu? Hatte er Charisma und wenn ja, wie zeigte sich dieses?

Gemäss Lepsius gab es drei Ereignisse, die Hitler zu Charisma verhalfen: (1) 1921 wurde die NSDAP von Hitler gezwungen, ihn als alleinigen und uneingeschränkten Führer anzuerkennen. 1926 erlangte er die *charismatische Führung* erneut, nachdem er sie infolge der Verhaftung nach dem Novemberputsch kurzzeitig verloren hatte. Gestärkt durch den Mythos des politischen Gefangenen und Putschführers, der ihn nach diesem Ereignis umgab, erklärte er die NSDAP zu seiner Partei oder als bedeutungslos. (2) So gelang es ihm von vorneherein, Diskussionen über politische oder ideologische Ziele zu unterbinden, was seine Autorität weiter stärkte und die Autorität all jener untergrub, die seinem Kurs nicht folgen wollten. Mit jedem Anspruch auf *charismatische Führung,* den Hitler erfolgreich durchzusetzen vermochte, stellte er

---

[28] Es ist bereits bekannt, dass nur während einer *charismatischen Situation* Anspruch auf *Charisma* erhoben werden kann und, dass Personen in einer solchen Situation eher zu drastischen Verhaltensänderungen bereit sind, um einer Krise zu entkommen (s. S. 4-9).

[29] Lepsius, Demokratie, S. 95 und S. 99.

[30] Herbst, Charisma, S. 19. // Auf den wichtigen Aspekt der *Veralltäglichung* kann leider nicht eingegangen werden. Es seien aber auf die hier verwendeten Texte Webers (S. 142-148) und Herbsts (S. 22-24) verwiesen.

zugleich seine aussergewöhnlichen Fähigkeiten unter Beweis. (3) Das letzte Ereignis bestand in der Ernennung zum Reichskanzler 1933, als er seinen Anspruch auf *charismatische Führung* gegenüber einer grösseren Masse als nur der Partei durchsetzen konnte.[31] Herbst steht der legendenbehafteten Sichtweise bezüglich Hitlers Charisma kritisch gegenüber und ist erstaunt, dass sich diese trotz der Resultate der neueren Forschung bis heute erhalten konnte.[32] Er vertritt die Position, dass Hitler vor 1919 sicher noch kein *charismatischer Führer* war. Aufgrund seiner Interessen (Theater, Oper usw.) sei es ihm aber gelungen, sich Fähigkeiten anzueignen, die ihm die Inszenierung einer *charismatischen Führerpersönlichkeit* ermöglichte. Gerade weil er selbst lange die Perspektive des Publikums eingenommen hatte, war er sich der äusseren Wirkung des Auftritts bewusst, was womöglich auch zur Vernachlässigung von Inhalten geführt habe.[33] Auch Kolb ist davon überzeugt, dass es Hitler insbesondere aufgrund seiner Fähigkeiten in Rhetorik und Propaganda gelang, die Rolle des *charismatischen Führers* zu übernehmen.[34] Die Existenz einer «unmittelbare[n], spontane[n] Beziehung zwischen Volk und Führer»[35] bestreitet Herbst allerdings. Vielmehr sei auch diese eine Inszenierung gewesen, die ab der Verwendung der staatlichen Medien und des Films neue Ausmasse erreichte.[36]

Zusammenfassend ist festzuhalten, dass *Charisma* vor allem von der Beziehung zwischen *Charismaträger* und *Charismagläubigen* abhängt und welche Eigenschaften bzw. Fähigkeiten diese ihm zusprechen. Auf Hitler bezogen kann gesagt werden, dass dieser durchaus *Charisma* besass, wobei dies weniger genuin als vielmehr durch geschickte Inszenierung entstanden ist. Nun wird gezeigt, welche strukturellen Eigenschaften einer *charismatischen Herrschaft* eigen sind.

Max Weber definiert in *Wirtschaft und Gesellschaft* die *charismatische Herrschaft* in Abgrenzung zu den anderen beiden legitimen Herrschaftsformen:

> Die charismatische Herrschaft ist, als das Außeralltägliche, sowohl der rationalen [...] als der traditionalen [...] schroff entgegengesetzt. Beide sind spezifische Alltags-Formen der Herrschaft, – die (genuin) charismatische ist spezifisch das Gegenteil. Die bureaukratische [sic!] Herrschaft ist spezifisch rational im Sinn der Bindung an diskursiv analysierbare Regeln, die charismatische spezifisch irrational im Sinn der Regelfremdheit. Die traditionale Herrschaft ist gebunden an die Präzedenzien der Vergangenheit und insoweit ebenfalls regelhaft orientiert, die charismatische stürzt (innerhalb ihres Bereichs) die Vergangenheit um und ist in diesem Sinn spezifisch revolutionär.[37]

Auch Lepsius und Herbst weisen in ihren Texten daraufhin, dass es sich bei der *charismatischen Herrschaft* um einen legitimen Herrschaftstyp handle, solange seitens der Gefolgschaft der Glaube an den Führer bestehe. Deshalb könne die *charismatische Herrschaft* auch nicht mit

---

[31] Lepsius, Demokratie, S. 106f.
[32] Herbst, Charisma, S. 11f.
[33] Ebd., S. 82.
[34] Kolb, Deutschland, S. 165.
[35] Herbst, Charisma, S. 197.
[36] Ebd, S. 197, S. 200.
[37] Weber, Wirtschaft und Gesellschaft, S. 141.

Diktatur oder Tyrannei gleichgesetzt werden. Wie weiter oben bereits erwähnt, existieren die drei Herrschaftstypen nur als Mischformen aller drei Typen und unterscheiden sich lediglich in ihrer Legitimation und ihren Verwaltungsstäben.[38] Charisma ist, wie mittlerweile bekannt ist, abhängig von der Beziehung zwischen dem Führer und seiner Gefolgschaft. Lepsius macht darauf aufmerksam, dass sich in der Weberschen Konzeption hinsichtlich der Struktur der *charismatischen sozialen Beziehung* vier Haupteigenschaften erkennen lassen. Diese können meiner Ansicht nach aber auch auf die *charismatische Herrschaft* selbst angewendet werden, wenn man bedenkt, dass es ohne *Charisma* auch keine *charismatische Herrschaft* geben kann. Welche Eigenschaften das sind und in welchem Ausmass sie gemäss der Forschungsliteratur auch im Nationalsozialismus zu erkennen sind, wird nun genauer ausgeführt.

Die «freie, aus Hingabe an Offenbarung, Heldenverehrung, Vertrauen zum Führer geborene, Anerkennung durch die Beherrschten»[39] ist die erste Eigenschaft und bei *genuinem Charisma* für die Beherrschten *verpflichtend*. Weiter muss ein beidseitiger Wille darin bestehen, Autorität einzufordern (*Charismaträger*) und sich dieser völlig unterzuordnen (*Charismagläubige*). Sich in diese Positionen bringen zu können, ist nicht nur vom *subjektiven Willen* der Beteiligten, sondern auch von den *strukturellen Begebenheiten* abhängig.[40] In der konsultierten Forschungsliteratur war nichts zu finden, was sich diesbezüglich auf den Nationalsozialismus konkret anwenden liesse. Bei den anderen drei Eigenschaften sieht das anders aus.

Die *Notwendigkeit der Bewährung* des Charismatikers nennt Weber als zweite Eigenschaft. Bleibt die Bewährung für längere Zeit aus, besteht die Möglichkeit, dass das *Charisma* schwindet.[41] In diesem *Bewährungszwang* sieht Lepsius «die primäre Handlungsbegrenzung für den Charismatiker»[42]. Die Wahrnehmung der Bewährung, liegt aber in der Kontroll-, Interpretations- und Manipulationsmacht des Charismatikers und lässt sich in einer Notsituation noch leichter beeinflussen. Eng mit dem *Bewährungszwang* verbunden, ist das Verfolgen einer (politischen) Mission, die sich gegen das Bestehende richtet, ausseralltäglich ist und sich im Schaffen neuen Rechts ausdrückt.[43] Die Mission, die Hitler im Nationalsozialismus verfolgte, zeigte sich in der Orientierung an obersten Werten, die er zu erreichen versprach. Dabei waren zwei Dinge wichtig: Erstens sollte sich aus dieser Mission keine normative Handlungsanweisung ableiten lassen, sondern «der Führung sowohl Legitimationsgrund wie

---

[38] Die Ausführungen dieses Abschnitts basieren auf Lepsius, Demokratie, S. 99f. und Herbst, Charisma, S. 15f.
[39] Weber, Wirtschaft und Gesellschaft, S. 140.
[40] Lepsius, Demokratie, S. 96.
[41] Weber, Wirtschaft und Gesellschaft, S. 140.
[42] Lepsius, Demokratie, S. 98.
[43] Die Ausführungen dieses Abschnitts basieren auf Lepsius, Demokratie, S. 98. und Herbst, Charisma, S. 19.

Handlungsungebundenheit»[44] sichern. Zweitens musste Hitlers Interpretationsfreiheit über die Mission (und die damit verbundene nationalsozialistische Ideologie) stets gegeben sein, um seine Handlungsfreiheit zu sichern und ihn vor Kritik zu schützen. Die nationalsozialistische Mission lässt sich am besten mit der Parole «'Unser Programm heißt Hitler'»[45] zusammenfassen. So war bspw. «die zunehmend rassistische Radikalisierung des Nationalsozialismus»[46] Hitlers eigene Interpretation der nationalsozialistischen Ideologie. Weiter zeigte sich diese Eigenschaft im Nationalsozialismus unter anderem darin, dass Koalitionen prinzipiell abgelehnt wurden. Denn diese würden «die Geltung des charismatischen Führungsanspruches beeinträchtigen [und] den Führer von Dritten abhängig machen.»[47] Das Eingehen von Kompromissen kann für jemanden, der sich selbst als aussergewöhnlich betrachtet, nicht in Frage kommen. Dies soll nicht bedeuten, dass Hitler keine Kompromisse eingegangen wäre, vielmehr war er nicht an die Einhaltung dieser gebunden. In diesem Zusammenhang wird Hitler häufig vorgeworfen, Entscheidungen gemieden zu haben. Dies ist in weiten Teilen auch korrekt. Allerdings darf dieser Entscheid zum Nichtentscheid nicht als Entscheidungsschwäche missinterpretiert werden, sondern hatte das konkrete Ziel, ihm seine Handlungsfreiheit zu bewahren.[48]

Die dritte Eigenschaft der *charismatischen Herrschaft* zeigt sich in ihrer *emotionalen Vergemeinschaftung*. Damit ist sowohl die Bindung an den Führer als auch die Entstehung und Wirkweise des Verwaltungsstabs gemeint. Dieser weist nach Weber einige Besonderheiten auf: Die Stabsangehörigen werden nicht aufgrund ihrer fachlicher Fähigkeiten oder ständischer Zugehörigkeiten, sondern allein «nach Eingebung des Führers auf Grund der charismatischen Qualifikation des Berufenen»[49] ausgewählt. Weiter fehlten sowohl feststehende Behörden als auch Reglemente oder Rechtssätze. Vielmehr mache die genuin *charismatische Herrschaft* folgender Leitsatz aus[50]:

> «'es steht geschrieben, – ich aber sage euch'; der [...] genuine Führer [...] verkündet, schafft, fordert neue Gebote [...] kraft konkretem Gestaltungswillen, der von der [Parteigemeinschaft] um seiner Herkunft willen anerkannt wird. Die Anerkennung ist pflichtmäßig.[51]

Diese Handhabe hatte zur Folge, dass die Struktur der charismatischen Gruppe (z.B. einer Partei) durch «das eigentümliche Nebeneinander von strikten Befehls- und Gehorsamsbeziehungen und einer fluiden und losen Organisation des Verwaltungsstabes»[52] charakterisiert war. Da es

---

[44] Lepsius, Demokratie, S. 111.
[45] Ebd.
[46] Ebd.
[47] Ebd., S. 110.
[48] Ebd., S. 110f.
[49] Weber, Wirtschaft und Gesellschaft, S. 141.
[50] Ebd.
[51] Ebd.
[52] Lepsius, Demokratie, S. 97.

an gemeinsamen Entscheidungsprozessen, verlässlichen Hierarchien und dauerhaften Verfahren fehlte, gab es «auch keine institutionellen Möglichkeiten der Konfliktartikulation und Konfliktlösung»[53]. Dies liess die Partei zeitgleich «rigide und lose, autoritär und anarchisch, einheitlich und fragmentiert, zentralisiert und unkoordiniert»[54] werden[55].

Die spezifische Wirtschaftsfremdheit der *charismatischen Herrschaft* ist die vierte Eigenschaft. Wirtschaftsfremd ist sie deshalb, weil «normative[] Standards, Verfahrensweisen und Organisationsformen»[56] aufgrund der Autorität des *Charismatikers* aufgelöst wurden und die affektive und personalisierte *charismatische Beziehung* keiner rationalen Strukturierung folgt.[57]

Diese letzten beiden Eigenschaften, also die *emotionale Vergemeinschaftung* und die *Wirtschaftsfremdheit* können hinsichtlich der *charismatischen Herrschaft* im Nationalsozialismus zusammen betrachtet werden und lassen sich laut Lepsius an folgenden Dingen erkennen: Der Grund, weshalb Verfahren zur Beschlussfindung fehlten, keine Reglemente zur Besetzung von Ämtern oder zur Zusammenarbeit der Parteiorgane existierten, lag in der Organisation der Partei. Die Zuständigkeiten der verschiedenen Stäbe überschnitten sich und eine «Reichsleitung als koordinierendes, kollektives Planungs- und Entscheidungsorgan gab es nicht.»[58] Diese persönlichen Stäbe, mit denen Hitler sich umgab, entlasteten den Führer also vor Routinearbeiten, ohne ihn dabei in seinem Handlungs- und Entscheidungsspielraum einzuschränken. Diese Parteiorganisation hatte eine entscheidende Auswirkung auf Hitlers Charisma: «Je geringer die Institutionalisierung, desto größer die Personalisierung der Führung und je stärker diese durch unmittelbar persönliche Loyalitätsbindungen an den Führer strukturiert wird, desto größer die Charismatisierung der Führung.»[59] Während die Parteiorganisation von Beginn weg unter der freien Beeinflussung Hitlers stand, schränkten ihn Verfassung und Rechtsstaatlichkeit zu Beginn seiner Funktion als Reichskanzler ein. Diese Einschränkung überwand er allerdings mit der «Notverordnung zum 'Schutz von Volk und Staat'»[60], vom 28. Februar 1933 gefolgt vom Ermächtigungsgesetz knapp einen Monat später, womit die Gewaltenteilung aufgehoben und die Legislative der Regierung übertragen wurde. Hitlers *charismatische Führerposition* wurde

[53] Lepsius, Demokratie, S. 97.
[54] Ebd., S. 97f.
[55] Ebd.
[56] Ebd., S. 96.
[57] Die Ausführungen dieses Abschnitts basieren auf Weber, Wirtschaft und Gesellschaft, S. 142 und Lepsius, Demokratie, S. 96.
[58] Lepsius, Demokratie, S. 108.
[59] Ebd.
[60] Ebd.

mit der «Fusion der Ämter des Reichskanzlers und des Reichspräsidenten in die neue Position des 'Führers'»[61] formell konsolidiert.[62]

Die *charismatische Herrschaft* lässt sich, so ist festzuhalten, durch Abgrenzung gegenüber den anderen beiden legitimen Herrschaftsformen definieren. Auf den Nationalsozialismus unter Adolf Hitler bezogen, muss die umfassende Fokussierung auf die Führerfigur Adolf Hitler unweigerlich auffallen. Diese zeigt sich unter anderem in der uneingeschränkten Interpretationsfreiheit über die politische Mission und die bewusst gewählte und für Hitler besonders vorteilhafte Organisation des Verwaltungsstabes. Obschon der Stab Hitler zum Grossteil von der alltäglichen politischen Arbeit befreite, standen sie unter völliger Abhängigkeit von Hitlers 'Gnaden' was dazu führte, dass sich die ganze Macht auf die Person Adolf Hitler konzentrierte.

Lassen sich diese Eigenschaften des *Charismas* und der *charismatischen Herrschaft* auch in einer Rede Adolf Hitlers konkret festmachen? Dies soll im letzten Kapitel anhand der Rede «Die Generalabrechnung! Deutschland ist im Erwachen!» untersucht werden.

4 «Die Generalabrechnung! Deutschland ist im Erwachen!»

Adolf Hitler hielt am 10. September 1930 im Berliner Sportpalast eine Wahlkampfrede vor der NSDAP-Versammlung, die von Goebbels organisiert worden war. Der Schätzung eines Polizeiberichts zur Folge nahmen «mindestens 16.000 Personen»[63] teil. Der Beginn der Rede war auf 21.30 Uhr angesetzt. Im Vorfeld wurde in der Zeitung *Der Angriff* über die Rede berichtet, wodurch auch ihr Titel «Die Generalabrechnung! Deutschland ist im Erwachen!» zustande kam. Während den Tagen nach der Rede berichteten mehrere Zeitungen mit ähnlich bis gleich lautenden Titeln über Hitlers Rede im Sportpalast.[64] Bei der vorliegenden Quelle handelt es sich um einen editierten Quellentext, genauer gesagt um eine kommentierte Abschrift des Artikels «Adolf Hitlers Rede» aus *Der Angriff* vom 12. September 1930.

Hitler schildert seine Ansichten zur Notsituation klar und deutlich. Er referiert über die Folgen der Niederlage im Ersten Weltkrieg, nimmt Bezug auf die Weltwirtschaftskrise und kritisiert, dass die bisherigen politischen Klassen (internationaler Marxismus und bürgerlicher Nationalismus) ihre Versprechungen nicht eingehalten hätten. Insbesondere bedauert er die Machtlosigkeit der Nation und setzt dabei Macht mit Wille gleich: «Das Recht auf das Leben der Nation ist nach wie vor vorhanden. Aber die Macht, die zur Durchsetzung der Lebensrechte notwendig ist, fehlt.»[65] Und weiter «Macht ist nicht gleich Gewehr und Maschinengewehr, sondern Macht

---

[61] Lepsius, Demokratie, S. 108.
[62] Ebd., S. 107f.
[63] «Generalabrechnung», S. 408.
[64] Ebd.
[65] Ebd.

ist gleich *Wille*. Wenn einem 60-Millionenvolke der Wille zur Freiheit eingehämmert ist, dann wird es immer einen Machtfaktor darstellen. (Allgemeine Zustimmung.)»[66] In der Zersplitterung des Volkes aufgrund ideologischer Differenzen und der Tendenz, sich eher mit Gleichgesinnten anderer Völker als mit den Andersdenkenden des eigenen Volkes zu vereinigen, sieht Hitler die grösste Bedrohung für die Macht der Nation mit der letztlichen Konsequenz des 'Volkstodes'.[67] Zu seiner Führerrolle äussert sich Hitler nicht. Nur dreimal kommt das Wort *Ich* vor, was einmal eine deutliche Reaktion des Publikums hervorruft: *«Ich setze mein Leben für Deutschland ein und damit für das Leben von 60 Millionen Volksgenossen.* (Ungeheurer, langanhaltender Beifall)»[68] Viel mehr fallen da die Anrede («Meine lieben deutschen Volksgenossen!»[69]), Hitlers häufige Verwendung der ersten Person Plural (ganze 42-mal!) und die Reaktionen des Publikums auf seine Äusserungen auf. Auch mit seinen zahlreichen Bezügen auf das *deutsche Volk* und der Überzeugung, dass es nur kleine Standesunterschiede gibt, schafft er ein Wir-Gefühl.[70] Zudem findet die künftige Mission der nationalsozialistischen Partei an verschiedenen Stellen Erwähnung. So bspw. in folgender Äusserung Hitlers: «Was wir versprechen, ist nicht materielle Besserung für einen einzelnen Stand, sondern die Mehrung der Kraft der Nation, weil nur diese den Weg zur Macht und damit zur Befreiung des *ganzen* Volkes weist. (Langanhaltender, stürmischer Jubel.)»[71] Weitere Schilderungen der Mission betreffen das Überleben des Volkes und der gemeinsame Kampf für eine bessere Zukunft.[72]

Auffallend sind Hitlers klare Verweise auf das Vorhandensein einer *charismatischen Situation,* die sich in der Erwähnung der Weltwirtschaftskrise und der Schuldzuweisung an die anderen politischen Kräfte im Land zeigen. Auch die Inszenierung einer *sozialen Beziehung* zwischen Führer bzw. Partei und der Volksgemeinschaft zeigt sich in den zahlreichen Bezügen auf das *Wir* oder das *deutsche Volk* – wobei anzumerken ist, dass Hitler seine Reden inszenierte und einstudierte und auch die Zusammensetzung des Publikums nicht dem Zufall überlassen wurde, was sich zuträglich auf die Entstehung der medialen Beziehung auswirkte.[73] Sowohl im Versprechen der Bildung einer Volksgemeinschaft als auch in der Orientierung an letzten Werten – wie bspw. dem (Über-)Leben der Nation bzw. des Volkes, der Kraft der Nation oder dem Kampf für eine bessere Zukunft – zeigen sich die bemerkenswertesten Übereinstimmungen zwischen Theorie und Realität.

---

[66] «Generalabrechnung», S. 409.
[67] Ebd., 408f.
[68] Ebd., S. 410.
[69] Ebd., S. 408.
[70] Ebd., S. 408-412.
[71] Ebd., S. 410.
[72] Ebd., S. 410-412.
[73] Herbst, Charisma, S. 201-205.

5 Zusammenfassung

Die Frage, welche gesellschaftlichen Strukturbedingungen gegeben sein müssen, damit sich eine charismatische Herrschaft wie jene Adolf Hitlers installieren kann, wurde einerseits unter Bezugnahme auf Lepsius' Theorie und unter Betrachtung des sozialmoralischen Milieus des Mittelstandes beantwortet. Der damalige Mittelstand galt aufgrund seines Selbstbildes und seiner strukturellen Situation als anfällig für nationalistische Strömungen. Andererseits wurde die charismatische Situation als Voraussetzung für die Installation einer charismatischen Herrschaft untersucht, wobei zwischen latenter und manifester Ausformung unterschieden wurde. Erstere zeichnet sich durch ihre kulturelle und soziale Dimension aus, letztere durch eine Person, die für sich Charisma und Autorität in Anspruch nimmt und verspricht, aus der Krise zu führen. Beide charismatischen Situationselemente herrschten im Deutschland der 1920/30er Jahre vor. Die Weltwirtschaftskrise wurde als Ausdruck einer solchen charismatischen Situation behandelt, wobei aufgezeigt werden konnte, welche ökonomischen und psychologischen Konsequenzen damit verbunden waren. Zweitens wurde nach der Rolle gefragt, die das Charisma Adolf Hitlers, die soziale Beziehung zwischen ihm bzw. der NSDAP und der Anhängerschaft sowie die Aussicht auf eine (gemeinsame) politische Mission spielen. Dabei wurde erkannt, dass Charisma vor allem von der Beziehung zwischen Charismaträger und Charismagläubigen abhängt und welche Eigenschaften bzw. Fähigkeiten letztere ersterem zusprechen. Auch Hitler besass Charisma, wobei dies wohl weniger genuin als viel eher auf geschickte Inszenierung zurückzuführen war. Die *charismatische Herrschaft* definiert sich vor allem durch Abgrenzung gegenüber den anderen beiden legitimen Herrschaftsformen. Auf den Nationalsozialismus bezogen, muss die umfassende Konzentration auf die Führerfigur Adolf Hitler auffallen. Diese drückte sich unter anderem in seiner uneingeschränkten Interpretationsfreiheit über die politische Mission und die für Hitler vorteilhafte Organisation des Verwaltungsstabes aus, die sich durch eine starke Abhängigkeit seitens der Stabsangehörigen vom Wohlwollen Hitlers charakterisierte und weiterer Ausdruck der Machtkonzentration auf die Person Adolf Hitlers war. Auch in der analysierten Rede liessen sich mehrere bemerkenswerte Übereinstimmungen zwischen Theorie und Realität erkennen. So bspw. in der Erwähnung einer Notsituation, der Inszenierung einer sozialen Beziehung (*Wir-Gefühl, deutsches Volk*) und der Betonung auf die Orientierung an letzten Werten. Auch wenn die Fragestellungen sehr umfangreich waren, konnten sie anhand der Staatstheorie Max Webers und unter Bezugnahme auf die Forschungsliteratur gut beantwortet werden. Für die weitere Arbeit in diesem Themenfeld, böte es sich an, *die Veralltäglichung des Charismas* genauer zu untersuchen oder danach zu fragen, was es mit der *Legitimation durch Bewährung* auf sich hat.

6 Bibliografie

6.1 Quelle

«Die Generalabrechnung! Deutschland ist im Erwachen!», in: Zwischen den Reichstagswahlen Juli 1928 – September 1930, hg. von Christian Hartmann, Kommentator Christian Hartmann, Bd. 3 Teil 3, München New Providence, London, Paris 1995 (Hitler. Reden Schriften Anordnungen, Februar 1925 bis Januar 1933), S. 408-412.

6.2 Sekundärliteratur

Herbst, Ludolf: Hitlers Charisma. Die Erfindung eines deutschen Messias, Frankfurt a. M. 2011.

Kolb, Eberhard: Deutschland 1918-1933. Eine Geschichte der Weimarer Republik, München 2010.

Lepsius, M. Rainer: Demokratie in Deutschland. Soziologisch-historische Konstellationsanalysen. Ausgewählte Aufsätze, Göttingen 1993 (Kritische Studien zur Geschichtswissenschaft 100).

Weber, Max: Wirtschaft und Gesellschaft. Grundriss der verstehenden Soziologie, Tübingen 1972[5].

7 Abstract

In dieser Arbeit wird überprüft, inwiefern sich Max Webers Ausführungen zur *charismatischen Herrschaft* auf die Zeit des Nationalsozialismus unter der Herrschaft Adolf Hitlers anwenden lassen. Folgende Fragen stehen im Zentrum: Erstens: *Welche gesellschaftlichen Strukturbedingungen müssen gegeben sein, damit sich eine charismatische Herrschaft wie jene Adolf Hitlers installieren kann?* und zweitens: *Welche Rolle spielen dabei das Charisma des Führers Adolf Hitler, die soziale Beziehung zwischen ihm bzw. der NSDAP und der Anhängerschaft sowie der Ausblick auf eine (gemeinsame) politische Mission?* Die Analyse umfasst den Zeitraum von 1929-1930, da sie mit der Weltwirtschaftskrise zusammenfällt, die Ausdruck dessen ist, was von M. Rainer Lepsius als *charismatische Situation* bezeichnet wird. Zuletzt wird anhand einer Rede Hitlers überprüft, inwiefern Theorie und Realität übereinstimmen, also welche Eigenschaften der *charismatischen Herrschaft* konkret erwähnt oder inszeniert werden.